Blue Window
Ventana Azul

Indran Amirthanayagam

Translated by Jennifer Rathbun

DIÁLOGOS BOOKS
DIALOGOSBOOKS.COM

More Praise for *Blue Window*

Talk about love, with regard to the body, be it human, terrestrial or universal. Everything is possible with this great poet. The enjambment of his couplets runs comfortably, even between stanzas, as if he were leaving us on the edge of the abyss to return to the next stanza. This is a breathless, multifaceted voice. The arrow shoots, the pitchfork will collect his remains, and he will come to terms with "the dilemma of how to survive, while the birds of prey bite, claw, tear out our eyes." And yet, in spite of it all, the blue window persists. It shines before all hopelessness.

—Ana Guillot, Argentine Author

From his native Sri Lanka Indran Amirthanayagan has come to settle in the Americas, where he has assumed Spanish and English to express himself, and it seems that we are reading a native Hispanic American.
On his arch-dark side, Indran's pen practically crumbles visible reality, and does so with such stubbornness the poetic voice becomes one more component of the routine environment. And in the midst of the stylistic darkness we come across some recurring aspects, the whole of which constitutes the backbone of these pages.
In the first place, love—as always happens—then the awareness of the poetic act, which is a frequent topic in Hispanicy-American poetry; and, finally, black humor, probably inherited indirectly from the surrealists. Not by mere whim but dictated by our inner kingdom, we say that the poem "Reborn" is the text that we like infinitely, of course, for its metaphysical echoes.

—Carlos Germán Belli, Peruvian Poet

The most persuasive characteristic about Amirthanayagam is that he makes us take his mirages as our own and invites us to play with them. The profoundest: taking some of his shortcuts and coming out to the other side pure, as if we were just about to be born.

—Pedro Granados, Peruvian Poet

This is, without a doubt, the best poetry book Indran Amirthanayagam has ever written. Although it's still loaded with sadness and nostalgia, the beauty is not hidden. I congratulate Indran for his persistence in the romantic genre and for continuing to talk about love as when he was forty years younger.

—Alfonso Elizondo, Mexican Author

Blue Window / Ventana Azul /
Indran Amirthanayagam
Translated by Jennifer Rathbun

Poems, copyright © 2021 Indran Amirthnayagam
Translations, copyright © 2021 Jennifer Rathbun
Edition, copyright © 2021 Diálogos Books.

Printed in the U.S.A.
First Printing
10 9 8 7 6 5 4 3 2 1   21 22 23 24 25 26

Book design: Bill Lavender
Front cover: Anandan Amirthanayagam
Author Portrait: Anandan Amirthanayagam
Translator Photo: Allison Waltz-Boebel

Library of Congress Control Number: 2021938330
Amirthanayagam, Indran
with Jennifer Rathbun (translator)
Blue Window / Indran Amirthanayagam;
p. cm.
ISBN: 978-1-944884-92-5 (pbk.)

DIÁLOGOS BOOKS
dialogosbooks.com

Índice

Contents

Ventana Azul

Blue Window

Por la ventana azul veo al pintor Anandan, quien mezcla el arcoiris en su paleta electrónica y añade historias escritas de su espíritu generoso. Veo a su estudiante fiel, Lola, leyéndonos detrás de la nube que cubre la luna. Veo al poeta Guy Amirthanayagam, mi padre, quien felicita a su hijo por haber logrado escribir en un idioma que no es el suyo desde el principio. Veo a Indrani, mi madre, diciéndome que hay tiempo todavía para tramar una novela, para pensar en una historia que atraiga a los lectores de todas partes. Pienso en mis amigos que me han guiado en el baile con el castellano. Pienso en el amor que me enseñó estos versos y me habla desde el otro lado de la ventana azul.

Through the blue window I see the painter, Anandan, who mixes the rainbow in his electronic palette and adds stories written from his generous mind. I see his faithful student, Lola, reading us from behind the cloud that covers the moon. I see the poet Guy Amirthanayagam, my father, who congratulates his son for having written in a language that was not his from the start. I see my mother, Indrani, telling me that there is time still to plot a novel, to think of a story that will attract readers from everywhere. I think of my friends who guided me in my dance with Spanish. I think of the love that taught me these verses and speaks to me now from the other side of the blue window.

Prólogo

He aquí la leyenda impura de felicidad y la tristeza discursiva de toda pasión amorosa hacia la finitud. También la invención del amor en el propio cuerpo de la escritura como un acto de resistencia a la duración y el tiempo de los verbos de promesa.

Palabras del encantamiento y la seducción que se convierten en un luminoso entusiasmo, en la intimidad civil del poema como un lugar idóneo para el milagro y las revelaciones. Son las presencias persuasivas de la memoria de lo amado las que se personalizan en la intensa experiencia de estos poemas, la paradójica soledad de sus múltiples voces discursivas, lo escrito como un espacio definitivo para la celebración y los duelos, el placer y el juego amoroso.

Indran Amirthanayagam ha escrito un libro persuasivamente hermoso y anhelante, regido por el deseo, por la voz de los amantes como alimento del corazón turbado, poemas fronterizos con el daño y la felicidad, purificados por la inocencia y la misma conducta misteriosa que guía a los seres que cantan y a los astros que gobiernan la noche. Un habla donde la vida puede más que la historia, una emocionante biografía de lo vehemente como única pasión decible de los dialectos de amor.

Un gran relato imaginario que da continuidad al mito, y que en su mestizaje con la mejor poesía contemporánea amplia la zona de los significados del porvenir, la intuitiva y desafiante tarea de las representaciones simbólicas. Delicadamente irónico, radicalmente sensible, Ventana azul arriesga una nueva manera de sentir, de amar y de desobedecer a la melancolía. Cuerpos como ciudades, recorridos hasta el límite de su materia invisible con esa inalterable pasión que ya solo pertenece al enamorado solar y al profeta laico, o sea, al poeta de viaje por el silencio y el sueño.

—Juan Carlos Mestre

Prologue

Here is the impure legend of happiness and the discursive sadness of
all loving passion towards finitude. Also the invention of love in the very
body of writing as an act of resistance to the duration and time of the
verbs of promise.

Words of enchantment and seduction that turn into a luminous
enthusiasm, in the civil intimacy of the poem as an ideal place for miracle
and revelations. It is the persuasive presences of the memory of loved
ones that are personalized in the intense experience of these poems, the
paradoxical solitude of their multiple discursive voices, the written as a
definitive space for celebration and duels, pleasure and love play.

Indran Amirthanayagam has written a persuasively beautiful and
yearning book, ruled by desire, by the voice of lovers as food for the
troubled heart, poems bordering on harm and happiness, purified by
innocence and the same mysterious conduct that guides the beings that
sing and the stars that rule the night. A discourse where life means more
than history, an exciting biography of the vehemence of passion as the
only utterable one of the dialects of love.

A great imaginary story that gives continuity to the myth, and that in
its crossbreeding with the best contemporary poetry widens the area of
the meanings of the future, the intuitive and challenging task of symbolic
representations. Delicately ironic, radically sensitive, Blue Window risks
a new way of feeling, loving and disobeying melancholy. Bodies as cities,
traveled to the limit of their invisible matter with that unchanging
passion that now only belongs to the solar lover and the secular prophet,
that is, the poet traveling through silence and sleep.

—Juan Carlos Mestre

Sobre el cuerpo

Escribo sobre el cuerpo
porque a pesar de
las nubes de olvido
descubro que tengo
uno todavía y se pueden
alterar sus ambiciones,
correr hacia arriba
en el cerro, ilusionarme
con amar de nuevo.

On my Body

I write on my body
because in spite of
clouds of oblivion
I find I still have one
and its ambitions
can be altered,
run to the top
of the hill, be fooled
by love once again.

De bajada

En estos días de bajada
—nada más—puedes fumar

si quieres, tomar un trago,
deja que la luz del olvido

penetre la película
de tu piel y alimente

tus células, que la energía
de otro sol resuelva

los pendientes siempre
en copa tras copa

el azúcar en vuelo
una fiesta de risas

burbujeando
y al final del día

empieza la noche
y por la mañana

una nueva vida
sin estupefacientes

salvo este
de escribir un diario.

Coming Down

On these days coming down
you can smoke—that's it—

if you like, have a drink,
allow oblivion's light

to penetrate the layers
of your skin and nourish

your cells, may the energy
from another sun settle

unresolved issues always
in glass after glass

sugar in flight
a celebration of laughter

bubbling
and at the end of the day

night begins
and in the morning

a new life
without intoxicants

except for writing
this diary.

Torta a compartir

Los placeres
de la torta
salen de la vista
y despiertan

correspondencias
con otros deleites
mundanos
en los deportes

de contacto
y los bailes
que nos permiten
explorar el uno

al otro sin caer
flechados por
el joven cazador
alado presente

siempre en estas fiestas
nupciales y bautizos
donde algún
invitado, un primo,

una amiga del colegio
ve una posible
salida a su vida
de soltera

Cake to Share

The cake's
pleasures
go out of sight
and arouse

correspondence
with other everyday
delights
in contact

sports
and dances
that allow us to
explore one

another without
falling pierced by
the young winged
hunter ever

present in these parties
weddings and baptisms
where some
guest, a cousin,

a friend from school
sees a possible
way out of her
single lifestyle

o casada ¡chis!
esto último
es un secreto,
no se dice en público.

or married, shh,
that last
one is a secret,
you don't say in public.

En la cama pantalla

Envíame una línea,
salpicada

con una carita,
un corazón,

unos labios,
el chat

fue inventado
para coquetear

y por los cinco
continentes hasta

las estaciones polares
no hay sábado por

la noche más
de nuestros tiempos

que unas palabras
tiradas como dados

a través de cables
al fondo de los mares.

On the Screen Bed

Send me a line,
sprinkled

with a face,
a heart,

some lips;
chat

was invented
to flirt

and on the five
continents even

the polar stations
there isn't a Saturday

night more
like our times

than some words
thrown like dice

through cables
in the depths of the seas.

Más allá de lo común

Una locura, una llamada a la medianoche,
una travesura, más bien, un juego,
un reconocimiento de que hay derecho
a conversar cuando a uno le dé la gana,

una informalidad deliciosa,
aunque todas las mañanas escucho
un programa radial que me informa
efectivamente que no hay derecho

y los invitados entrevistados
confirman el hecho con sus críticas
a este congresista y aquel soplón.
Las latinoamericanas están despiertas

y dispuestas a romper el espacio,
decir que si hay derecho, solo
que no depende del estado
o de la sociedad civil, sino de ellas

con sus llamadas casi a la medianoche.

Beyond Common

Madness, a call at midnight,
mischief, or better yet, a game,
acknowledgement that one has the right
to talk whenever one pleases,

a delicious informality,
although every morning I listen
to a radio program that says
in effect that there is no such right

and the interviewed guests
confirm the fact with their criticism
of this congressman and that informer.
Latin American women are awake

and ready to tear up the place,
they say they have the right, only
that it doesn't depend on the state
or society, but on them

with their calls at almost midnight.

Una pausa

Hasta luego, hasta la vista,
y no hay más tarde.
Voy a dormir, sin darte
abrazo ni apapacho,
sin alimento ninguno
para tu fantasía
ya de antaño.

A Pause

Goodbye, so long,
there are no more farewells.
I'm going to bed, without
embracing or pampering you,
without nourishing
whatsoever your fantasy
now gone.

Así es

En mi conversación a solas
hablo de límites, lo que el cuerpo
pueda aguantar para no volar

en llanto. Una copa de vino
seguida por un estimulante,
un té verde, alimentos que calientan

el cuerpo y los que nos enfrían,
busquemos la balanza. Te extraño
un montón, aunque hoy me dedico

a mi hija. La pérdida anticipada
de ella ya te he contado
en mis poemas. Hace frío. Espero

que estés bien y encuentres
el amor en estos versos y que pronto
nos abracemos hasta al amanecer.

That's Life

In my conversation alone
I talk about limits, what the body
can withstand to keep from breaking down

in tears. A glass of wine
followed by a stimulant,
a green tea, substances that warm

the body and those that cool it,
we should look for the balance. I miss you
a lot, although today I'm dedicated

to my daughter. Her anticipated
departure I've already mentioned
in my poems. It's cold. I hope

that you're well and that you find
love in these verses and that soon
we'll embrace until dawn.

Lecciones de amor

Déjame ser claro si con tal asunto
será posible aclararme, decir de manera
contundente, que el hombre que tú ves,
entre los corazones, no es medio
araña, ni mono con lentes cubriendo
sus cejas abundantes, ni buceador
vestido para penetrar al río Lete.

Es un hombre apenado por ser sensible,
dispuesto a la soledad y a los celos,
no para caer en sus redes, sino para reconocer
que alguna vez sus besos fueron rechazados
y aquellas lecciones deben servir
para algo más que material triste
para compartir con mi hijo.

Love Lessons

Let me be clear if it's even possible to explain
this matter, to say in a convincing
manner, that the man you see,
between hearts, is not half
spider, nor a monkey with glasses covering
his abundant eyebrows, nor a scuba diver
dressed to penetrate the river Lethe.

He is a man saddened by his sensibilities,
disposed to solitude and jealousy,
to not fall in its webs, but to recognize
that his kisses were rejected once
and those lessons should serve
for something more than sad material
to share with my son.

Regalo

No me queda otra
opción que seguir
escribiéndote
estas cartas diarias

en espera de
una respuesta
cuando sea que llegue.
Con gusto añadiré

mi pluma
a la larga lista
desde Cyrano
hasta el Cartero

para escribir
alabanzas
a la mujer ahora
en un despacho

o a cargo de
una ciudad.
Los tiempos
han cambiado

mas no las formas
corteses, expectativas
que aprendimos
de los libros

Gift

I don't have any other
option but to keep
writing you
these daily letters

waiting for
a response
whenever it may arrive.
I'll gladly add

my pen
to the long list
from Cyrano
to the Postman

to write
praises
to the woman now
in an office

or in charge of
a city.
Times
have changed

but not common
courtesy, expectations
that we learned
from books

de caballería,
los grandes esfuerzos
que impulsaron
a Don Hidalgo

para arremeter
contra los molinos
de viento. La brisa
llena de deseo

despierta
por una mirada,
dentro de una casa
en la frontera,

donde los habitantes
suelen cerrar
las persianas
para celebrar

sus cumpleaños
hasta que llegue
el hijo del capo,
dueño

de la mansión
en la cima de
la colina cercana.
En sus manos

of chivalry,
the great efforts
that drove
Don Hidalgo

to mount an
attack against
windmills. The breeze
full of desire

awakes
from a gaze
inside of the house
on the border

where the inhabitants
tend to close
the curtains
to celebrate

their birthdays
until the capo's
son arrives,
owner

of the mansion
on top of
the nearby hill.
In his hands

un regalo
tan grande,
con su mensaje
envuelto,

que no se le puede
negar la entrada,
mientras
su guardaespaldas

espera en la acera
de enfrente al lado
de un SUV con placas
de otro estado.

a gift
so big,
with its message
wrapped,

you can't
turn him away,
while
his bodyguard

waits on the sidewalk
in front next to
an SUV with
out-of-state plates.

Saludos

Adiós. Que estés bien. Me voy.
Tonterías del corazón herido,
deseo insatisfecho, reclamos inesperados.

Deja que el tiempo sane todo, y las mareas
renueven la arena, que sea puro grano blanco
para otra pareja en camino por el mar.

Greetings

Goodbye. I wish you well. I'm leaving.
Idiocies from a wounded heart,
unsatisfied desire, unexpected complaints.

Let time heal everything, and may the waves
renew the sand, may there only be pure white grains
for another couple walking along the sea.

Sentir

Lo que siento por ti
merece una carta larga
como la noche
antes de que llegue
el hijo que Dios te dará

para que puedas
compartir la vida,
lo que has aprendido,
los mundos de los que
has sido testigo. Y si

no fueras padre
o madre, hay pueblos,
luces, tigres, flores
y frutales, un sin fin
de crianzas y criaderos

donde puedes ofrecer
el conocimiento
adquirido. Pero
me distraigo. Y no
quiero distraerme más.

Los mil argumentos
para no tocar tu mejilla,
o envolver en un dedo
un cabello tuyo
de la frente o desde atrás,

Feel

What I feel for you
deserves a long letter
like the night before
the son that God
will give you arrives

so that you can
share your life,
what you've learned,
the worlds that you've
witnessed. And if

you weren't a father
or a mother, there are towns,
lights, tigers, flowers
and fruit trees, unlimited
foster cares and nurseries

where you can share
the knowledge
acquired. But I get
distracted. And I'd
like to get back on track.

The thousand reasons
to not touch your cheek,
or wrap your hair
around my finger
from in front or behind,

quedan ahora como
insistentes recuerdos.
Ya hemos cruzado
el puente. Lo cruzamos
cada vez que nos escribimos.

Y lo que nos permanece
son estos días en los cuales
la opción de renuncia,
de jurar que nunca
más pensaremos

en las cosas de este mundo,
de retiro absoluto,
que no podemos aprovechar,
dado que en todos los países
el estado laico debe atender

mejor a sus desafortunados,
y nunca se acabará
con la tarea de perfeccionar
sus canales de distribución
de alimentos y amor
de pareja, de poemas,

para encontrar unas horas
amorosas y pacíficas
sin la presión del trabajo,
o del tiempo, o de las otras
obligaciones sociales.

linger now as
gnawing memories.
We have already crossed
the bridge. We crossed it
every time we corresponded.

And we're left with
these days in which
the option of quitting
or swearing that we'd
never again think

about the things of this world,
about complete retirement,
that we can't enjoy,
given that in every country
the state should better

tend to its people in need,
and it will never end its task
perfecting distribution channels
of food and love between
couples, of poems,

to find some hours
loving and pacific
without the pressure of work,
or time, or other
social obligations.

La vecina católica

Amar a la vecina, esperarla
cuando llega del trabajo
y darle un café, un abrazo.

Perdón me quedé pensando
en la vida al otro lado. Déjame
atender a mis hijos, al oficio

que me enseñó mi papá
y que lleva su energía
del principio cuando

mis padres se unieron
con gritos alegres,
mas mudos.

(Se casaron
en otra época bajo
el mando del decoro inglés.)

Lástima que nunca conversé
con mi padre sobre el momento
del inicio de la vida. Mi madre

sacrificó sus propios deseos
por satisfacer a los hijos, su marido,
lo que la fe nos enseña, ofrecer

la otra mejilla, dar de comer
al vagabundo. La respeto tanto

The Catholic Neighbor

Love your neighbor, wait for her
when she comes home from work
and give her a coffee, a hug.

Sorry, I was thinking about
life on the other side. Let me
attend to my children, to the trade

my father taught me
and that carries his energy
from the start when

my parents married
with mute
shouts of joy.

(They were wed
in other times under
the command of English decorum.)

It's a shame I never talked
to my father about the moment
of life's beginning. My mother

sacrificed her own desires
to please her children, her husband,
that which faith teaches us, offer

the other cheek, give food
to the homeless. I respect her

que no le puedo preguntar

sobre algo natural y oculto
en la vida católica, esta hambre
que devora la calma,

que pide su alimento
y para un poeta implica
dejar de escribir a la vecina.

so much that I cannot ask

about something natural and hidden
in catholic life, this hunger
that devours the calm,

that demands its nourishment
and for a poet implies
stop writing to the neighbor.

Una confesión tardía

Ahora sí confesemos
al sacerdote, a la hoja
en blanco, a los amigos

y a los padres,
al intendente, al portero,
que no caminaremos

más bajo los árboles
del parque al atardecer,
las manos entrelazadas

entre besos, o revisaremos
los versos alimentados
por aquella luz

que desvanecía
el cielo y el manto
nocturno que nos cubría

del frío, ni despertaremos
al amanecer
para leer el correo

y buscar unas palabras
que no nos dieron luz
cuando pisamos

los pétalos caídos
que nos reblandecían
los pasos en la tierra, anoche.

A Late Confession

Let us now confess
to the priest, to the blank
page, to our friends

and parents, to the superintendent,
to the doorman, that we will
no longer walk

underneath trees
in the park at dusk,
holding hands

between kisses, or proofread
verses nourished
by that distant light

that cleared
the sky and the nocturnal
cloak that protected us

from the cold, nor will
we rise at dawn
to read the mail

and search for words
that didn't give us light
when we crushed

the fallen petals
that illuminated our
time on earth, last night.

En la puerta

La joven madre, bonita, de minifalda,
en la puerta de la iglesia que nota

cada feligrés llegando para asistir
a la misa, algunos con una mirada

prolongada, o una conversación
a susurros con su confesor

en el espíritu, y otros como si
no existiera, un árbol en el paisaje

que se pasa a diario, sin darse cuenta
de su papel en la conservación

del ecosistema. Por mi parte
prefiero acostarme con mi novia

en un cuarto cerca de la iglesia
y cuando suenan las campanas

dejar de hacer el amor, recitar
el poema, charlar en la red

y arrodillarme por un minuto
a escucharlas con todas mis agallas.

Un minuto en mi casa
donde y con quien amo.

At the Door

The young mother, pretty, in a miniskirt,
at the door of the church observes

every parishioner arriving to attend
mass, some with a prolonged

glance, or a whispered
conversation with her confessor

on her mind, and others as if
they didn't exist, a tree

in the landscape passed every day,
without realizing its role in the

conservation of the ecosystem.
As for me I prefer to go to bed

with my girlfriend in a room
close by the church

and when the bells toll stop
making love, recite a poem, chat

online and kneel for a minute
to listen to the tolling

with all of my guts.
A minute in my house

Le pregunto a Dios:
¿por qué ir a la misa

y exponerme
a nuevas ideas románticas?

where and with whom
I love. I ask God:

why go to mass and expose
myself to new romantic ideas?

Después de la zozobra

Esta zozobra, quitar un abrazo,
reemplazarlo con un beso,
un *te quiero mucho*,

después viene el balde
de aguas heladas,
el silencio de una piedra

seguido por el mail formal
como una solicitud de empleo,
estamos metidos ya

en un juego de niños,
más bien adolescentes,
con armas electrónicas,

el reclamo que la respuesta
por chat no sea escurridiza
y haya finalmente una noche

sin fin de cuerpos entrelazados
y aplastados en alguna ciudad
del espíritu global donde

los derrames cerebrales
no puedan afectarnos
porque somos ninfas

puras, ligeras que bailan
entre las estrellas.

After the Uneasiness

This uneasiness, pull away
from an embrace, replace it with a kiss,
an I love you very much,

afterwards comes the bucket
of ice water,
the silence of a stone

followed by a formal email
like a job application,
we are already involved

in a childish game,
or rather an adolescent one,
with electronic arms,

complaint that the response
in chat not be evasive
and may there finally be an endless

night of entwined and crushed
bodies in some city
of the global spirit where

strokes
cannot affect us
because we're nymphs,

pure light that dances
between stars.

¡Palabrería!

No existe aquel sitio.
Escapar por horas en la selva
con la metáfora no elimina

la falta de un abrazo
en tu último suspiro por mail.
¡Basta!

Nonsense!

That place doesn't exist.
To escape for hours in the jungle
with a metaphor doesn't eliminate

the absent embrace
in your last breath by email.
Enough!

La película del abrazo

Fue sembrada en el verano,
la invitación para ir al mar, no cumplida
pero en fin, no importa, fue un paso
que tomamos de otra manera

caminando por los parques
de diversos barrios, la conversación
abierta sobre los dilemas enraizados
de la fe, del destino, de la partida

anunciada. No sé en qué momento
entró la idea de no irnos
y evitar la separación, el dolor,
y estar siempre envueltos

hasta que nos dé la muerte
el verdugo melancólico
entregado a la tarea de renovar
la familia humana,

de asegurar que las ideas
que nos alimentan se pasan
a las nuevas generaciones.
¿Qué hay de nuevo en el arte?

Tus poemas, los cuadros de aquel.
¿Y dónde? Aquí en las almohadas
del cine, apoyada en mi brazo,
viendo los dos con risas enigmáticas,

The Movie of the Embrace

Planted in summer,
the invitation to go to the sea, not fulfilled
but all in all, no matter, it was a step
that we took in a different way

walking through several
neighborhood parks, the conversation
open to the dilemmas deeply rooted
in faith, destiny, the announced

departure. I don't know at what moment
the idea occurred to us,
to avoid separation, pain,
and to be always intertwined

until death do us part
the melancholic executioner
devoted to the task of renewing
the human family,

of assuring that ideas
that nourish us pass down
to the new generations.
What's new in art?

Your poems, his paintings.
And where? Here in the cushions
at the movie theatre, resting on my arm,
both of us watching with enigmatic smiles,

como aquel del hombre de la luna,
cuando pasa una nave espacial
para tomar su foto, la sorprendente
historia del hombre araña.

like that man on the moon,
when the spaceship flies by
to take his photo, the surprising
story of spider man.

Pregunta y vida

En las secuelas de las olas
que nos mecieron en la cuna,
durante la mañana siguiente,
el corazón y el espíritu
alegres, subiendo el cerro,
noto que el amor suele borrar

al pasado, barrer restos
de argumentos y disputas,
para que el cuerpo esté limpio
y los pasos frescos.
Y cuando suceda
el desencanto

y su expresión rutinaria,
los silencios que muerden
el ánimo, ¿qué haremos
con los cerros o el amanecer,
o con el perro que tomará
el lugar de Lucky, ya viejo,

compañero del camino
por un tiempo más,
y yo, saltando como
un joven de veinte años,
feliz y sin miedo a pesar
de las circunstancias?

Lo que desataba
la melancolía

Question and Life

In the wake of waves
that rocked us in the cradle,
the morning after,
heart and spirit
content, climbing the hill,
I note that love tends to erase

the past, sweep away remnants
of arguments and disputes,
so that the body is clean
and our steps fresh.
And when disillusionment
happens

and its routine expression,
silences that bite
the spirit, what will we do
with hills or dawn,
or with the dog that will take
the place of Lucky, now old,

companion of the road
for some time more,
and I, jumping like
a twenty-year old man
happy and fearless in spite
of the circumstances?

That which triggered
melancholy

solo hace días cuando
estuve convencido
por mi amigo
de que nunca más

debía vestirme con ropa
de cazador o de mendigo,
o poeta, salvo si guardara
envuelto en la bolsa
unos preservativos contra
el futuro y su fruto salvaje.

only a few days ago when
I was convinced
by my friend
that I should never again

wear clothing of
a hunter or beggar,
or poet, unless I kept
stashed away in a bag
some prophylactics against
the future and its savage fruit.

Entrando al último día

Me aconsejas no desesperarme
por tus silencios, tus recaídas.

¿No es cierto que a cada ser
le toca su porción de la tristeza

generalizada por haber nacido
y vuelto cuerpo que crece para

pudrirse después? El fin está inscrito
al principio, aunque no se da cuenta

hasta que es tarde el último día.
Mas si un alumno lee y entiende

la runa a los catorce o quince años
¿se salvará del lento descubrir

que la deriva lo espera después
de haber subido a la cima?

O no será así y podrá
escribir el mejor poema

de su vida, por sus giros
musicales y su expresión

contundente más suave,
justo antes de las doce.

Entering the Last Day

You advise me not to despair
due to your silences, your relapses.

Is it not true that every being
receives his share of indiscriminate

sadness just for being born
and turned into flesh that grows

to later rot? The end is written
in the beginning although we don't realize it

until it's too late the last day.
But if a student reads and understands

the rune at fourteen or fifteen
will he be spared from the slow

discovery of the drift that awaits him
after having climbed to the summit?

Or will it not be like that and he will
write the best poem

of his life, with its musical
spins and its convincing

gentlest expression,
just before midnight.

Alimento

El amor nos ha cavado
un cauce que se llena
siempre de aguas
subterráneas

y de la superficie
que se derraman
de los mares
y nos bendicen

del rocío,
de la labor
exprimida
de las plantas,

de las nubes
que pasan
dejándonos
a beber

este amanecer,
el amor—la llave
y la fuente—
que abastece

la cara,
salpicando
las gotas, dando
la piel a comer.

Nourishment

Love has dug us
a riverbed that fills
always with
subterranean

and surface
waters
that spill
from the seas

and bless us
with dew,
with labor
pressed

from plants,
from clouds
that pass
leaving us

to drink
this dawn,
love—key
and fountain—

replenishes
our faces, spattering
drops, giving
our skin to eat.

Ideas tontas

Perderte en la bruma,
en el muelle donde
esperamos el barco;

perderte en pleno
centro, voltear
la cabeza y verte

aplastado
por un taxi.
Estas ideas

que molestan
la cabeza,
y por el amor

desarrollan
un sentido
de humor negro

este viernes
por la tarde
cuando todos

salen salvo
los perezosos
que prefieren

espantar pesadillas
escribiendo versos

Foolish Ideas

Lose you in the mist,
on the dock where
we waited for the boat;

Lose you in the middle
of downtown, turn
my head and see you

run over
by a taxi.
These ideas

that disturb
my head,
and because of love

develop
a dark
sense of humor

this Friday
afternoon
when everyone

goes out except
the lazy
that prefer

chasing off nightmares
writing verses

y llevando muletas

para caminar
a sacar las ideas
fuera de la cabeza

para que
no vuelvan
nunca.

and carrying crutches

to walk
their ideas out
of their heads

so that
they never
return.

Alimentos, Huari

¿Quieres un *kashki*,
o tomar un *punki* por la tarde,
indagar en la tierra

por las carnes de cerdo,
res, gallina quemada
en las piedras

de la Pachamanca?
Me quedo con ganas
de caminar al borde

de la laguna Puruhuay
recogiendo porongos,
corriendo

como una gacela
hacia el mirador
para hacer contigo ahí,

lo que la primavera
promete por todas partes
a los poetas de corazón abierto.

Nourishment, Huari

Would you like some *kashki*
or to drink a *punki* in the afternoon,
delve into the earth

through pork, beef
chicken, meats burned
on the rocks

of *Pachamanca?*
I still want to
walk along the brim

of the Puruhuay lagoon
gathering gourds,
running

like a gazelle
towards the lookout point
to do with you there,

what spring
promises everywhere
to poets with open hearts.

A una poeta peruana

La penitencia que quieres cumplir poniendo
en jaque tu cumpleaños me entristece y no sé
qué decir salvo recordarte que decidimos marcar
cada uno de nuestros aniversarios, sin falta.

No importa si hubo emociones encontradas
aquella tarde, las hemos superado y dice el sabio
que si uno está feliz y tu prójimo feliz y el amigo
del prójimo feliz, todos estarán felices a una suma

más intensa. Amor, me haces feliz a mi, a mis colegas,
amigos y familiares. El amor es infeccioso
de la mejor manera. Que sigamos esparciéndolo
por todas partes y el día de tu cumpleaños

aun si no optamos por rentar un caballo
y unos cohetes, mientras caminamos por el mar.

To a Peruvian Poet

The penance you want to inflict putting
your birthday in checkmate saddens me and I don't know
what to say except to remind you that we decided to celebrate
each other's birthdays, without fail.

It didn't matter if there were mixed emotions
that afternoon, we've gotten over them and the wise man says
if one is happy, your neighbor happy, and your neighbor's
friend happy, everyone will be happy to a much greater

intensity, Love you make me, my colleagues, friends
and family members happy. Love is infectious
in the best ways. Let's keep spreading it
everywhere and on your birthday

even if we decide not to rent a horse
and some fireworks, while we walk beside the sea.

El paraíso económico

En Juanachito
comimos helado
con tres sabores

en un cono
y por un sol.
A mi gusto

escogí lúcuma,
numia y chirimoya,
A mis compañeros

mango, ciruela
nuez, puro deleite.
El letrero muestra

un hombre
con sombrero
de campo.

Cincuenta
y cinco años
de servicio dice:

no me imites.
Mejor, Hombre,
te escribo

este pedido,
un poema a cambio

Economic Paradise

In Juanachito
we ate ice cream
with three flavors

in a cone
and for one *sol.*
To my liking

I chose lucuma,
numia and custard apple,
For my friends

mango, prunes,
nuts, pure delight.
The sign shows

a man
with a farmer's
hat.

Fifty-
five years
of service it says:

don't imitate me.
Better yet, Man,
I will write you

this petition,
a poem in exchange

de una moneda,

un helado, el premio.
¿Estás de acuerdo
mi estimado Juanachito?

Esos sabores
ya me hacen falta
en esta ciudad de la costa

a diez horas de tu helado
sin par, escondido
en aquel recinto de los Andes,

el Huari helado,
y por un sol.
¡Caramba!

for a coin,

an ice cream, the prize.
Do you agree
my esteemed Juanachito?

I already miss
those flavors
in this coastal city

ten hours from your unrivaled
ice cream, hidden
in that corner of the Andes,

Huari ice cream,
and for a *sol*.
Wow!

Hay que comer semillas

Los buitres esperan
carne recién muerta,
o todavía con vida.

En nuestros tiempos
de confesiones públicas
por las redes sociales,

sus olfatos husmean
las declaraciones
y se aterrizan

en el campo
de los muertos, solo
que no reconocen,

o a ellos
no les importan,
las otras aves

que vuelan
en el mismo cielo,
aves, ángeles guardianes,

que hacen su labor
de buscar alimentos
para sus nidos.

Son vegetarianas,
comen semillas,

We'll Have to Eat Seeds

Vultures wait
for meat, freshly dead,
or still alive.

In our times
of public confessions
on social media,

their sense of smell
sniffs declarations
and they land

on the field
of the dead, but
don't recognize,

or don't
care about
the other birds

that fly
in the same sky,
birds, angels, guardians,

that do their job
looking for food
for their nests.

They're vegetarians,
eat seeds,

nuez, pistilos,

muestran
otro camino
para el hombre,

una solución gentil
al dilema de cómo
sobrevivir, mientras

las aves rapaces
muerden, desgarran,
sacan los ojos.

nuts, pistils,

they show
man
another way,

a gentle solution
to the dilemma of how
to survive, while

the birds of prey
bite, claw,
tear out our eyes.

Esperando la luz

Debo acostarme, no me queda
otra opción. Este humor tuyo
no tiene solución inmediata.
Dejémoslo pasar. El viento

sacudirá el corazón; la soledad
volverá más fría; regresarás
a mis brazos; el ciclo de ir
y venir de las mareas seguirá

sin intervención de poesía,
o de terapia, más bien del sol
al amanecer que espera iluminar
a los que se doblan hacia la luz.

Waiting for Light

I should go to bed, I don't have
another option. This mood of yours
doesn't have an immediate solution.
Let's allow it to pass. The wind

will shake out the heart; solitude
will become even colder; you will return
to my arms; the cycle of the coming
and going of tides will continue

without the intervention of poetry,
or therapy, but rather that of the
morning sun waiting to illuminate
those who turn towards the light.

Dante a las tres de la mañana

A través de los círculos del Paraíso,
entre los versos de aquel otro libro
que uno nunca alcanza a leer,

detenido en los siete pecados capitales,
envuelto en unas sábanas,
bajo el faro rojizo, visto en espejos

desde el techo, las paredes y el piso,
brilla tu cuerpo, india, rosa;
tu sonrisa pícara me pica

una jeringa llena de ambrosía,
del placer puro, su carga es tan fuerte
que ahora a las tres de la mañana

entro a internet para buscar
los versos originales de Dante,
acomodados ya en su Paraíso.

Dante at Three in the Morning

Through the circles of Paradise,
between verses of that other book
one never manages to read,

detained in the seven capital sins,
wrapped in some sheets,
beneath the red light, seen in mirrors

from the roof, walls and floor,
your body shines, Indian, rose;
and your mischievous smile injects me

like a needle filled with ambrosia,
of pure pleasure, its potency so strong
that now at three in the morning

I open the internet to search
for Dante's original verses,
settled already into their Paradise.

Corazón con limonada

Una tarde nos sentamos ante una jarra
de limonada, en La Tiendecita Blanca,
la historia es limeña, y te confieso

a estas alturas que no hay bebida
más adecuada para una cita
que el jugo de limón exprimido

con agua y azúcar, girando
las semillas y la carne de las frutas
en el fondo del vidrio. Nos reímos

cuando llegó la cuenta,
tantos soles por unos limones
mas la charla que empezamos

aquel viernes, ante lo desconocido,
el fin de semana, que iba
a refugiarnos en las soledades

de siempre, mostró de repente
otra tinta, la llegada pronosticada
en la carne de un temblor, seguido

por un amanecer para el corazón,
como nunca lo ha visto antes,
pidiendo jarra tras jarra de limonada.

Heart with Lemonade

One afternoon we sat down before a pitcher
of lemonade, in the *Tiendecita Blanca*,
the story is from Lima, and I confess

at these heights that there isn't a drink
better suited for a date
than freshly squeezed lemon juice

with water and sugar, swirling
the seeds and the flesh of fruits
in the bottom of the glass. We laughed

when the bill arrived,
so many *soles* for some lemons
but the chat we began

that Friday, faced with the unknown,
the weekend, that was going
to shelter us in the same solitude

as always, suddenly showed
another side, the arrival forecast
in the flesh of an earthquake,

followed by dawn for
the heart, never before seen,
ordering pitcher after pitcher of lemonade.

Lectura y sitio

Hay un sitio donde siempre nos encontramos.
Nadie puede asediarlo, conquistarlo, borrarlo.
Ahí vivimos, residentes en la tierra,

orgullosos de los frutales que cultivamos,
dando de comer a los vecinos. Llámalo utopía,
rústica, una fantasía citadina. No me importa

cómo se califica el idilio, ni si usas
esta metáfora que separa el lugar
de los que frecuentamos todos los días.

Sí, es tranquilo, y real, como las manos
y el espíritu que se concuerdan
para describirlo. Lo mejor que pueda dar

está aquí. Tómalo como alimento para tu viaje.
Donde estés, bajo el sol rojo, o la luna oriental,
este poema te hará bien y no se echará a perder.

Reading and Place

There is a place where we always meet.
No one can bother, conquer, or erase it.
We live there, earth's residents,

proud of the fruit trees we cultivate,
giving the neighbors food. Call it utopia,
rustic, an urban fantasy. I don't care

how the idyll is rated, nor if you use
this metaphor that separates the place
from the ones we frequent every day.

Yes, it is peaceful, and real, like hands
and spirit that agree to describe it. The best
it can offer is here. Take it as food

for your trip. Wherever you may be, beneath
the red sun, or the eastern moon, this poem
will be good for you and it will not spoil.

Limonero

La internet no tiene
sentido sin ti, y el FB
se ha vuelto una cosa íntima,
una conversación solo

cuando entras, lo mismo
con Gmail. El resto
del universo disponible
déjalo a otros.

Ya hemos cosechado
lo nuestro. Que el jardín
se enriquezca con
sus propios alimentos.

No es necesario buscar
más en otras tierras.
Ya se establece
el amor sustentable

el desagüe de nuestras
lágrimas riega el jardín
y sus frutales, increíble
este sistema que aprovecha

todo, incluyendo
los malentendidos,
para seguir adelante
hasta que algún día

Lemon Tree

Internet is useless
without you, and FB
has become an intimate thing,
a conversation only

when you enter, the same
with gmail. The rest
of the available universe
leave it to others.

We've already sowed
what's ours. May the garden
be enriched with
its own nourishments.

It isn't necessary to search
more in other lands.
Sustainable love
has been established

the drainage of our
tears waters the garden
and its fruit trees, incredible
this system that takes advantage

of everything, including
misunderstandings,
to move forward
until one day

un huracán arrase
jardín y casa, pero dejando
en pie el limonero
que cultivamos

sin darnos cuenta
de lo que salía
de la tierra
cuando empezamos

a tomar su jugo,
que el amor tiene
su sistema interno
de cuidados, hasta

los intensivos,
y su árbol será protegido
cuando ya no estemos
o cambiemos

de forma y nos volvamos
pájaros que anidan
en sus ramas, o la lluvia
que lo baña, o el niño

que seguramente no tendrá
idea de por qué le atrae tanto
este árbol entre todos los
que crecen en la tierra.

a hurricane levels
garden and house, leaving
intact the lemon tree
we planted

without realizing
what was growing
from the earth
when we began

to drink its juice,
that love has
an internal system
of care, even

intensive,
and its tree will be protected
when we're not
around, or change

form, and we become
birds that nest
in its branches, or the rain
that bathes it, or the child

that certainly won't have
a clue why this tree among
all of the others that grow
on earth draws him in.

Cuidados intensivos

No sabes hasta ahora cuántas veces
te he empezado una carta sin terminarla.
Bueno te diré pero serán cinco o seis
o doce, ¿a quién le importe? ¿al lector?

solo te comento que sigo leyendo
palabra por palabra, no tengo fuerza
para una lectura más veloz, de estos cuentos
de Jorge sobre amores tontos

y me pregunto por qué nos tocó
la flecha, y qué consecuencias tendrá
en nuestras vidas esta idea lanzada también
que no fue y no es suficiente, que la vida

nos insiste en algo más allá de la única emoción
que nos da para vivir con esperanza y ánimo,
con sueños de poder cuidar al prójimo
sin hacerle a él o a nosotros una tontería.

Intensive Care

You don't know until now how many times
I've begun to write you a letter without finishing it.
Well I'll tell you but it may be five or six
or twelve, but who cares? The reader?

I'm only telling you that I'm still reading
word for word, I don't have the strength
to read any faster these stories
by Jorge about foolish love,

and I ask myself why did the arrow
strike us, and what consequences will it have
in our lives this idea also fired from the bow
that it wasn't and isn't enough, that life

demands from us something beyond the only
emotion that it gives us to live with hope and energy,
with dreams of being able to care for our neighbor
without making fools of him or us.

Llaves

Me hubiese gustado enseñarte
a manejar, compartir la mesa
cuando presentabas tu primer libro,

escribir el prólogo. Tus poemas
me acompañan al ritmo de mi pulso;
los autos se volverán más eléctricos

y seguiré amando lo que
podríamos haber logrado
en aquel otro tiempo que estaba

a nuestro alcance y sigue presente,
una invitación sin fecha de caducidad,
el auto listo para encenderse.

Keys

I would have liked to have taught you
to drive, share the stage
when you presented your first book,

write its prologue. Your poems
accompany me to the rhythm of my pulse.
Cars will become more electric

and I will continue loving what
we could have accomplished
in that other time that was within

our reach and is still present,
an open-ended invitation,
the car ready to start.

Contra la soledad

No estás sola. Aquí te acompaño,
y todos los que leerán estos versos.
Y los amigos que nos sustentan
fuera de las hojas, los héroes
de esta historia, que te escuchan
ahora por *Face*, en un restaurante
con café pasado, mientras te escribo.

Against Solitude

You're not alone. I accompany you here,
and everyone who will read these verses.
And our friends that support us
beyond the pages, the heroes
of this story, who listen to you
now via *Face,* in a restaurant
with brewed coffee, while I write to you.

En busca de parques

Voy ahora a caminar
en un parque que
no conocemos todavía.

Necesito sacar al perro
a respirar y correr
entre arbustos y flores.

Ahí te esperaré. Si llueve
o hace sol, no importa.
Ten por seguro

que me encontrarás
con el sombrero puesto
para todo cambio de estación.

In Search of Parks

I'm going to walk now
in a park
we don't know yet.

I need to take the dog out
to breathe and run
between bushes and flowers.

I will wait for you there. Rain
or shine, it doesn't matter.
You can be sure

you will find me
with my hat on
ready for any change of season.

Desembocar

Pasar el día escribiendo
en la tecla, sí, da placer
y llena la soledad. Además sé

que en algún momento
leerás lo que he escrito
desde la ausencia

de lo nuestro, de extrañar
sus abrazos y besos,
a pesar de saber

lo que me has contado,
que va lo nuestro
poco a poco

como un río cualquiera
para desembocar
en el mar

de olvido,
de principios
y sueños perdidos,

de argumentos
y de vida
compartidos.

Release

Spend the day writing
on the keyboard, yes, is enjoyable
and fills the solitude. I also know

that in any given moment
you'll read what I've written
from the absence

of us, from missing
your hugs and kisses,
in spite of knowing

that you've told me,
how we flow
little by little

like any old river
that runs
into the sea

of oblivion,
of beginnings
and lost dreams,

of arguments
and of life
shared.

Renacer

La soledad es una ilusión, ya sabemos.
Aún en la distancia nos amamos
y podemos beber y comer,

satisfacer las necesidades
de los cuerpos donde
nuestros espíritus

están hospedados durante
este paso por la tierra
y la familia humana.

Mañana moriremos
y renaceremos. ¿Estás lista
para saltar del charco con grito de rana?

Rebirth

Solitude is an illusion, we know now.
Even in the distance we love each other
and we can drink and eat,

satisfy
bodily needs
where our spirits

dwell during
this passage through earth
and the human family.

Tomorrow we will die
and be reborn. Are you ready
to jump from the puddle with a frog's cry?

Joder en América

Al peruano no lo jodas,
al chileno tampoco,
pero entre ellos
se joden con gusto.

Al argentino
le gusta joder.
El venezolano
está jodido

por células
dañadas,
en campos
de petróleo pesado,

el ecuatoriano,
gentilhombre,
jode solo los sábados
por la noche,

el panameño
al son de la rumba,
la plana,
la bomba.

El colombiano
jode por orgullo,
con gracia,
al escuchar

al piano
de Medellín,

To Fuck in America

Don't fuck with the Peruvian,
or the Chilean either,
but amongst themselves
they fuck with pleasure.

The Argentine
likes to fuck.
The Venezuelan
is fucked

by cells
damaged,
in fields
of heavy petroleum,

the Ecuadorian,
gentle man,
only fucks on Saturday
evenings,

the Panamanian
to the rhythm of *rumba,*
plana,
bomba.

The Colombian
fucks for pride,
with grace
when listening

to the piano
from Medellín,

el nicaragüense
por unas islas

y su honor
pero con pocos
barcos de patrulla
y mucha fe

en la corte ajena,
mexicanos, sí,
chingados
(jodido

en la lengua
por haber
perdido
Texas)

Brasil a salvo
por *falar*
portugués,
y América,

mi querida,
que se joda,
celebrando
sus derechos,

rosetas
de arcoíris
en sus brazos.
América,

dos dólares

the Nicaraguan
for some islands

and their honor
but with few
patrol boats
and a lot of faith

in the foreign court,
Mexicans, yes,
chingados
(fucked

in the language
for having
lost
Texas)

Brazil is safe
for speaking
Portuguese,
and America,

my dear,
can fuck itself,
celebrating
its rights,

rainbow
ribbons
on its arms.
America,

two dollars

y una nueva
barba, jódete.
Voy

por un café,
un té,
un surtido
de frutas.

América,
este poema
se escribe
en español,

la lengua
más antigua
de la Nueva
España.

América,
Allen Ginsberg
se murió.
América,

no vuelvas
a joder
al sur
de la frontera.

and a new
beard, fuck yourself.
I'm going

for coffee,
tea
a fruit
plate.

America,
this poem
was written
in Spanish,

the oldest
language
of New
Spain.

America,
Allen Ginsberg
has died.
America,

do not
come back
to fuck south
of the border.

La vida imaginativa

¿Cuántas travesuras
harás antes
de darte cuenta,

de que el juego
delicioso y eterno
de los niños

no puede
permanecer,
salvo en casos

de fantasía,
Hefner y sus
Conejitas,

o Larissa,
entrando ahora
al cine?

¿Qué más?
El poeta barbudo
desnudo

en Macy's,
el Hombre Araña
trepando Gotham,

¿Indran en Lima,
reconstruyendo
Ceilán?

The Imaginative Life

How much mischief
will you get into
before you realize,

the delicious
and eternal
childish game

cannot
continue,
except in cases

of fantasy,
Hefner and his
Bunnies,

or Larissa,
going now
to the movies?

What else?
The naked
bearded poet

in Macy's,
Spider Man
climbing Gotham,

Indran in Lima
reconstructing
Ceylon?

Después del año nuevo

Siento el entusiasmo
de la mañana compartida
ante esta tarde calurosa.

Busco descansar, sin leer,
pero con abrazos y besos
de reserva, guardados

en la noche del Año Nuevo.
Vivirlos de nuevo a solas
será solo en los ojos

de aquel visitante
de Marte que sirve
como *deus ex machina*

al poema que no está
a salvo, aunque da
un poco de consuelo.

After the New Year

I feel the enthusiasm
of the morning shared
before this hot afternoon.

I look to rest, without reading,
but with my hugs and kisses
kept in reserve, stashed away

on New Year's Eve.
To live them again alone
would be only in the eyes

of that visitor
from Mars who serves
like a *deus ex machina*

to the poem that is not
safe, although it gives
some relief.

Desde afuera

Escribir sobre un *deus*
que se aterriza de pronto
en la escena para poner fin
al drama, que sin aquella

intervención divina
no tendrá resolución,
es mi respuesta
a la ausencia, la soledad,

el imposible deseo
de compartir
cada instante
con el bien amado,

antes de afrontar
la hoja blanca,
casa de refugio
de soluciones ajenas.

From Outside

Write about *deus*
who lands suddenly
in the scene to put an end
to the drama, which without

that divine intervention
would not have a conclusion,
is my response
to the absence, the solitude,

the impossible desire
to share
each moment
with my beloved,

before facing
the blank page,
house of refuge
of external resolutions.

Representante de líricas

Si, es cierto. Ella puede aprobar
los últimos detalles y los primeros.

Tiene mi voz, mi confianza,
mi corazón. No hay nada

que el filo agudo de su espíritu
no pueda resolver. Ya no soy yo,

he cambiado mi piel.
Vivo en Perú. Pucha, te pasas.

Lyric Poetry Representative

Yes, it's true. She can approve
the last details and the first ones.

She has my voice, my confidence,
my heart. There is nothing

that the sharp blade of her spirit
cannot solve. I'm no longer me,

I've changed my skin. I live
in Peru. Damn, you outdo yourself.

Después de la confesión

Me has dicho que nunca
te apartarás de mí,

que nos casaremos
y compartiremos

pan, poemas e hijos,
si tenemos suerte,

y nuestra fe. Entiendo
ahora que has confesado

todo, incluyendo
lo nuestro. ¿Cómo puede

ser un pecado abrazar,
besar, sangrar, amar?

After the Confession

You've told me that you'd
never leave my side,

that we'd be married
and we would share

bread, poems, and children,
if we are lucky,

and our faith. I understand
now that you've confessed

everything, including
our relationship. How can

it be a sin to embrace,
kiss, bleed, love?

Entre Google y Face, una carta

Las opciones se reducen pero
no desaparecen. En la planta brotan
todavía nuevas ramas; sobrevivió
a las últimas ráfagas heladas.

Nos podemos escribir por Gmail
hasta chatear ahí, mas *Face*
ya no nos da luz verde. Se ha vuelto
territorio libre, solitario y solterón.

Ahora cuando surfeo en la red
veo aquel rostro como un país
detrás de la Cortina de Hierro
que ahora es más bien digital,

focos de unos y ceros y de luz
bloqueando a Cyrano de su bien amada.
¿Quién será su cartero y hará la paz
entre medios sociales, reinos encontrados?

Between Google and Face, a Letter

There are fewer options but
they don't disappear. New branches
still sprout from the plant; it survived
the latest frozen winds,

We can write to each other in Gmail
even chat there, but *Face*
no longer gives us the green light. It's evolved
into solitary, free territory for bachelors.

Now when I surf the internet
I see that face like a country
behind the Iron Curtain
that's now rather digital,

bytes of ones, zeroes and light blocking
Cyrano from his beloved. Who will become
his postman and who will make peace
on social media, opposing domains?

Tarea

Escribo poemas;
los escribía antes
de conocerte
y ahora los escribo

cuando estás ausente.
No hay otra verdad
dice un poeta con gorra,
que escribía con tinta verde

al lado del Pacífico, ya, bien,
no necesito nombrarlo,
que la alondra es alondra
y la guitarra, guitarra,

y la poesía política
se compone después
de haber labrado
con los otros géneros.

Al auge de la carrera,
cuando has acumulado
experiencias y conocimiento,
y tengas la necesidad

y responsabilidad
de compartirla
con los jóvenes, hazlo,
hasta que te mueras.

Homework

I write poems;
I wrote them before
I knew you
and now I write them

when you're gone.
There isn't any other truth
says a poet in a cap,
who wrote with green ink

beside the Pacific, ok, well,
I don't need to name him,
a lark is a lark
and the guitar, guitar,

and political poetry
is composed after
having worked
with the other genres.

At the peak of your career,
when you've accumulated
experiences and knowledge,
and you have the need

and responsibility
to share it
with the young, do it,
until you die.

Aviso

No tengo derecho
de atarte a mis penas.
El psicólogo, el poema,
la misa se ocuparán
de ellas; hasta la muerte
recoja mis restos
con su horqueta.

Warning

I don't have the right
to tie you to my sorrows.
The psychologist, the poem,
the mass will attend
to them; until death
gathers my remains
with its pitchfork.

Bonsái

Cuando el agua corre,
del manantial en el cerro
hacia abajo, encuentra

piedras, lodo, árboles
caídos en su camino,
y tu servidor,

la panza vacía,
hambrienta,
la frente llena

de sudor, memorias
en flor, lengua
huérfana.

¡Para! te digo,
puedes seguir
fluyendo al mar

otro día, otro año.
Aquí, sembramos
estas semillas

encontradas al borde
del río. Con ellas
cultivemos nuestro jardín.

Bonsai

When water runs,
from the spring down
the hill, it encounters

rocks, mud, fallen
trees in its path,
and this servant,

stomach empty,
hungry,
forehead covered

in sweat, memories
blossoming, orphan
tongue.

Stop! I say,
you can continue
running to the sea

another day, another year.
Here, we plant
these seeds

we found at the edge
of the river. With them
let us cultivate our garden.

Dedicatoria

Pienso en unos parques,
el sereno nos observa
desde su puesto entre los árboles.

En la arena de *Villa Salvador*,
los besos que fueron eternos.
Pienso si amarás

un día a otro, o la flecha
me tocará, ningún golpe
puede reemplazar esta soledad

en la que no te encuentro.
Dime, desde donde estás ¿volarás
de nuevo cerca de mi casa?

Sabes que tomaré residencia
en las corrientes del mar
y las ráfagas del cielo.

Seguro que nos cruzaremos.
Está escrito en este cuaderno
que te dedico

como el mensaje
que el náufrago envía
a través de las olas.

Dedication

I think about some parks,
the night watchman observing us
from his post in the tree tops.

On the sands of *Villa Salvador*,
our kisses were eternal.
I wonder if you will love

another someday, or will
the arrow pierce me? No blow
can replace this solitude

where I don't find you.
Tell me, from where are you, will you
fly near my house again?

You know I will reside
in the ocean's currents,
the wind gusts in the sky.

Surely we will cross paths.
It's written in this notebook
I dedicate to you

like the message
the castaway sends
across the waves.

Flechas curativas

Para Naysha, por el primer verso

Una flecha va al cerebro,
otra al corazón y si
no fuera suficiente,
una más, dirigida al sexo:

origen de la muerte,
el fin del nacimiento,
esta es la verdad
más antigua e ignorada,

al menos por los jóvenes
como yo, en busca
de hierbas para pararse
o contra la calvicie.

Healing Arrows

For Naysha, for the first verse

An arrow to the brain,
another through the heart and
as if that wasn't enough,
one more, right at my sex:

origin of death,
end of birth,
this is the oldest
and most ignored truth,

at least by the young
like me, searching
for herbs to stand upright
or to cure baldness.

Cabellos sueltos

Sin barba y con sombrero,
media tarde en un café,
enfrente de un cuadro de luces
arcoíris zigzagueando
en la vista del observador,

ojo izquierdo con sangrado,
sonámbulo, Napoleón fuera
de El Cairo y París, todavía
no en Elba o Santa Helena,
candidateando para ser recogido

de la central o del aeropuerto
tras su viaje del país
con las cobras diablas,
de aquel primer látigo,
caballero que era

el Hombre Lobo
de Perú hasta que fui
a la peluquería
y le comenté
a la servidora pública

con sus tijeras
y rasuradora, que sí,
que me la quitara, y cuando
me preguntó el porqué,
le dije que por amor.

Unruly Hair

Beardless and with a hat,
midafternoon in a coffee shop,
facing a painting of lights
rainbow zigzagging
in the spectator's eye,

left eye bleeding,
sleepwalker, Napoleon away
from Cairo and Paris, still
not in Elba or Saint Helen's,
campaigning to be picked up

from the station or airport
after his trip from the country
with the devil cobras,
from that first lashing,
gentleman who was

the Wolf Man
of Peru until I went
to the barbershop
and commented to
the public servant

with her scissors
and razor, that yes,
she should shave it off,
and when she asked me why,
I told her it was for love.

En el barco

Rompemuelas, peligroso
caballo andante, ya sé

que no cortaste
la barba, ni dejaste

de escribir poemas,
ni soñar con camareras,

ni distraerte
con tus manos,

para mí. Así que
deja de sobresalir

con declaraciones
hechas con el pene

en flor y mírame
a los ojos

y ata mis muñecas
a los soportes

de esta cama
de agua y cógeme.

On the Boat

Jawbreaker, dangerous
walking horse, I already know

you didn't shave
your beard, nor did you

stop writing poems,
or dreaming about waitresses,

nor entertaining yourself
with your hands,

for me. So stop
trying to stand out

with declarations
made with your penis

in bloom and look me
in the eyes

and tie my wrists
to the posts

of this water
bed and fuck me.

El puente

No sé de la soledad, Amor,
más bien sabía antes,
como roer una cuerda,
esa sí, de la niñez y hasta
hace poco; pero algo pasó,

de maravillas, y cuando
ni siquiera me daba cuenta,
empecé a bañarme
todo completo en el océano
de la metáfora y nunca más

he sentido ese dolor histórico,
camino abandonado,
melancolía truncada,
lenguaje del pasado corporal,
un lastre en alguna parte

de la memoria, sí una tristeza
pero menor, que no estorba
ni hace llorar, ni nada,
el hoyo después
del terremoto en espera

de este nuevo puente.

The Bridge

I don't know about solitude, Love,
or rather I knew before,
like chewing a cord,
oh yes, since childhood until
not long ago; but something marvelous

happened, and when
I hadn't even realized,
I began to submerge
my entire body in the ocean
of the metaphor and never again

have I felt that historical pain,
abandoned road,
forsaken melancholy,
language of a corporal past,
a wound in some part

of memory, yes sadness
but minor, that does not hinder
or make you cry, or anything,
the hole after
the earthquake waiting

for this new bridge.

Sin alimento

Queso fresco y ají amarillo,
investigo los anaqueles
de mi nostalgia, aquí
en el mercado coreano
donde solía buscar
los sabores de tu país.

¿Te acuerdas de las papas
rojas y el pescado blanco
que compraba cada domingo
a pedido tuyo? El fin
de la historia es un poema
sobre una cocina vacía.

Without Nourishment

Cottage cheese and yellow pepper,
I study the shelves
of my nostalgia, here
in the Korean market
where I used to look
for your country's flavors.

Do you remember the red
potatoes and white fish
I bought every Sunday
at your request? The
end of the story is a poem
about an empty kitchen.

Al cruce

Entre mis países pendientes,
los viajes que me esperan,
se encuentra el continente
Australia y el océano vasto
que lo vincula con mi Ceilán.

Los canguros saltan en las llanuras
y los koalas se descuelgan
de las ramas y el aborigen
mueve su bastón para evocar
la lluvia en ese país pendiente.

Y tú al otro lado de mi corazón,
de esta isla dividida, Sri Lanka
en guerra, soldados dominicanos
de patrulla en la frontera haitiana,
¿estás lista? ¿Has hecho tu maleta?

At the Crossing

Of all the of the lands I've yet to explore,
the travels that await me,
I find the continent of Australia
and the vast ocean which
connects it to my Ceylon.

Kangaroos jump in the plains
and koalas hang from
branches and the Aborigine
moves his cane to invoke
rain in this yet untraveled country.

And you, on the other side of my heart,
of this divided island, Sri Lanka
at war, Dominican soldiers
patrolling the Haitian border,
are you ready? Have you packed your bags?

Canto en doce renglones

Lo que es cierto, a lo que a nadie se puede oponer
con un argumento derivado de la necesidad,
o de la presión, del miedo de la soledad, lo que
no interesa al vecino ocupado con sus propios
quehaceres pero sí al gobierno de los sentidos,
ese jurado al que Cupido acude cada noche
con sus conquistas del dia; es un hecho que
cada vez que nos hablamos despiertan pájaritos
en todos los nidos de la piel para cantar
su hambre dulce, su deseo de que los mimen,
como yo a ti, con estos versos nacidos
al amanecer cuando me despierto y no estás.

Song in Twelve Lines

What's true, what no one can oppose
with an argument derived from necessity,
or pressure, or fear of solitude, what doesn't
interest the neighbor occupied with his own
tasks but yes the command of the senses,
that jury Cupid appeals to every night
with his conquests of the day; it's a fact that
any time we talk baby birds awaken
in every nest of the skin to sing
their sweet hunger, their desire to be pampered,
like I with you these verses conceived
at dawn when I wake and you're gone.

Avisos parroquiales

El hijo del señor Amirthanayagam
se irá a los Estados Unidos
para comenzar sus estudios universitarios.

Su padre terminará su labor diplomática
dentro de unas semanas y su hermana
se quedará en Lima para vivir

con su madre. ¿Hay más para avisar
a los feligreses que nunca más verán
a esta familia truncada rezando en su iglesia?

¿Algún consejo de despedida?
La vida parece una muerte lenta
dicen las palabras escritas

en el cuaderno del padre
para ser transferidas después,
en la tumba de los poemas acabados.

Parochial News

The son of Mister Amirthanayagam
will go to the United States
to begin his university studies.

His father will end his diplomatic work
in a few weeks and his sister
will stay in Lima to live

with her mother. Is there anything else
to tell the parishioners who will
never again see this uprooted family

praying in their church? Any advice
as parting words? Life seems like
a slow death say the words written

in the father's notebook which
will be transferred later
to the tomb of finished poems.

Nacimiento

¿Cómo escribir versos tristes sobre la luna
y las estrellas y nuestras miradas esta mañana,
cuando no podemos cobijarnos en la noche

y el sol brilla como un joven boxeador
que acaba de ganar el campeonato de box pesado?
Estamos en 1960 y el joven Cassius Clay baila

en la pista de Roma, y tu servidor se desliza
de su madre para ver la luz en McCarthy Nursing Home
en el barrio de Los Jardines de Canela.

Birth

How to write sad verses about the moon
and stars and our gazes this morning,
when we cannot seek refuge in the night

and the sun shines like a young boxer
who's just won the heavyweight championship?
We're in 1960 and the young Cassius Clay dances

in Rome's ring, and your servant slips away
from his mother to see the light at McCarthy Nursing Home
in the neighborhood of *Cinnamon Gardens.*

Renacido, otra vez

Tengo cincuenta y cuatro
añitos, Bebé. Soy polluelo
de segunda etapa, edad mediana.
Nací hace diez minutos. Mi piel
está roja, mis ojos escudriñan el mundo,
a estos pechos para morir
que me ofreces ¿Por cuánto
tiempo más? No es una cuestión

para dejar ni a la casualidad,
ni al destino, ni al médico.
No sabemos cuándo el trabajo,
tus pacientes, tu proyecto
de editorial, la vida pues
afuera de la alcoba empezará
a cobrar vida. Muramos
una vez más ahora.

Reborn, Once Again

I'm fifty-four years
old, Baby. I'm a hatchling
in the second stage of middle age.
I was born ten minutes ago. My skin
is red, my eyes scrutinize the world,
these breasts to die for
that you offer me. How much
more time? Not a question

to leave up to chance,
nor destiny, nor the doctor.
We don't know when work,
your patients, your publishing
project, well, when life
outside of the bedroom will begin
to come to life. Let's die
one more time now.

Amor sustentable

No va a llorar por ella, dice.
No va a limpiar su oficina

y ver su mail en espera
de un mensaje. No va a bajar

a la calle, subir y bajar
de nuevo como si

el movimiento le diera
motivo para revisar

las políticas en ciencia
y tecnología, lo que

le toca hacer para concentrar
su espíritu laboral,

su diplomacia, que dejará
un ladrillo más en el muro

que celebra al mundo
sustentable, esta casa

en construcción lenta
mientras los vientos

gritan y los océanos
tragan las costas

Sustainable Love

He's not going to cry for her, he says.
He's not going to clean the office

and check his email hoping
for a message. He's not going down

the street, up and down
again as if the movement

would give him
a reason to examine

the policies in science
and technology, which

he has to follow to concentrate
his spirit at work,

his diplomacy, which will leave
one more brick in the wall

that celebrates the sustainable
world, this house

in slow construction
while the winds

howl and the oceans
engulf the shores

y el amor observa
a través de la pantalla,

antes de enviar
sus palabras y vitaminas

para que el caminante
pueda—ahora sí—trabajar.

and love observes
through the screen,

before sending
words and vitamins

so that the wanderer
can—at last—work.

Escríbame, pues

Y si no me escribe, si de repente
surge un inconveniente enorme,

y la internet, las torres de transmisión
y los cables de fibra óptica se caen,

y hasta en sueños deja de pensar
en mí, de imaginar cómo sigo,

y no hay vibraciones,
vasos comunicantes, cuerdas,

tímpanos, arreglos, y no cantan
los pájaros, y no sale el caracol

con sus antenas a ver
qué le sucede a su mundo,

el jardín en llamas, el océano hirviendo,
el aire lleno de humo negro, amargo,

la catástrofe, pues, porque
no me escribe, ni por la mañana

ni por la tarde, ni ayer,
ni hace poco, ni ahora.

Well, Write to Me

If she doesn't write to me, if suddenly
a huge inconvenience arises,

and the internet, transmission towers
and fiber-optic cables fall,

and even in her dreams she stops
thinking of me, imagining how I'm doing,

and there are no vibrations,
vessels of communication, strings,

tambourines, arrangements, and birds
don't sing, and the snail with his

antennas doesn't go out to see
what's happening in his world,

garden in flames, ocean boiling,
air full of black, bitter smoke,

the catastrophe, well, because
she doesn't write to me, not in the morning

or afternoon, or yesterday,
or a while ago, or now.

Pedido

Dame unos días más
para comprarte el boleto
que te llevará fuera

de la ciudad
donde nos enamoramos.
No tengo fuerza

contra esta melancolía.
Rezo para que haya una señal,
un indicio de la nada

o del cielo, una estrella
para seguir y decir
adiós o bienvenido,

si vamos a caminar
un poco más juntos,
o nos despediremos

ya, y no nos volveremos
a ver, por temor a la sal,
y su brillo azul.

Request

Give me a few more days
to buy you the ticket
that will take you out

of the city
where we fell in love.
I don't have the strength

to face this melancholy.
I pray there is a signal,
a sign from the nothingness

or from the sky, a star
to follow and say
goodbye or welcome,

if we're going to walk
together any longer,
or let us say farewell

now, and not see each other
again, for fear of salt,
and its blue brilliance.

Pilotos profesionales

Entre Guaymas y Hermosillo
viaja con un amigo. Me dice

que está bien y ya no sufre
trastornos en la barriga

y se disculpa por avisarme
tarde. Falta un día, otra noche.

No me ha dado un número
para llamarla, y aun si

lo tuviera ¿qué diría?
¿Qué la amé,

y me da miedo
su vuelo al lado

de un piloto,
esta vez con licencia?

Professional Pilots

Between Guaymas and Hermosillo
she will travel with a friend. She tells me

all is well and that she no longer
suffers from stomach issues

and she apologizes for telling me
so late. One more day, another night.

She hasn't given me a number
where I can call her, and even if

I had it, what would I say?
That I loved her,

and it frightens me
her flight next

to a pilot,
this time with a license?

David negro

En la colonia Roma hay una plaza
con su fuente y su David, una réplica
precisa de aquel que esculpió
Miguel Ángel. Sentado ahí

en una banca a la madrugada,
trato de asimilar la última pelea,
el silencio, su angustia, y llegar
a sentir una paz que va más allá

de la razón, que durará porque sabe
regar sus semillas y descansar
la planta después de dar fruto, y perdonar
y aceptar a la pareja como corazón propio.

Levanto mis ojos hacia el sol
y dejo que los queme hasta que
no tenga opción y el instinto
de supervivencia, su piloto automático,

engancha mi cuerpo, y vuelvo de la luz
con las huellas de la pelea en mi piel,
todavía, las cenizas volando
como gorriones alrededor de la boca.

Black David

In the Roma neighborhood there's a plaza
with its fountain and its David, a precise
replica of the one Michelangelo
sculpted. Sitting there

on a bench at dawn,
I try to picture the last fight,
the silence, its anguish, and come
to feel a peace that goes beyond

reason, which will last because it knows
how to water its seeds and rest
the plant after bearing fruit, and pardon
and accept the couple like its own heart.

I raise my eyes to the sun
and allow them to burn until
I have no other option and
the survival instinct, on autopilot,

takes over my body, and I return
to the light with traces of the fight
on my skin still, ashes flying
like sparrows around my mouth.

El grito silencioso

Que estoy gobernado por la luna
menguante y llena, el sol que brilla,
asesina y da vida, las mareas altas
y bajas, el viento proveniente
del norte, el gato negro que cruza
enfrente mientras camino en la calle
al amanecer escuchando
los primeros cantos de los pájaros,

esto sí, ya sabemos, pero tú
que apuestas por la razón, la lógica,
los hechos que te aseguran que no soy
mentiroso, incumplido, cobarde.
¿Cuál será tu lectura de este poema
que no quieres leer por motivos
que guardas dentro de la nube
de silencio bajo la cual grito?

Silent Scream

That I'm governed by the full and
crescent moon, the sun that shines,
takes and gives life, high and low
tides, winds blowing from
the north, the black cat that crosses
in front of me while I walk down the street
at dawn listening
to the birds' first songs,

this yes, we already know, but you
who bets on reason, logic,
facts that assure you I'm not a
liar, irresponsible, coward.
How will you read this poem
that you don't want to read for reasons
you keep inside a cloud
of silence beneath which I scream?

Abrazo

No voy al Mercado
Musa esta mañana.

Ya no seguiré la rutina,
ni iré a la biblioteca

de mi memoria donde
consulto los poemas

que me formaron
y me marcaron el camino.

No puedo regresar
y he llegado al borde

del Mar. Gracias
por acompañarme

hasta aquí.
No te preocupes.

Estoy bien vestido
para el viaje; no llevo

puesto nada de sobra.
¡Abrázame! ¡Oh Mar!

Hugs

I'm not going to the *Mercado*
Musa this morning.

I will no longer follow my routine,
nor go to the library

of my memory where
I consult poems

that formed me
and marked my journey.

I cannot go back
and I've reached the edge

of the Sea. Thank you
for accompanying me

all the way here.
Don't worry.

I dressed well
for the trip; I'm not

wearing anything extra.
Embrace me! O Sea!

Bajada

Bajaron de sus habitaciones decenas de hombres y mujeres,
viejos, jóvenes. Eran las diez de la noche. Estuvimos en Huari
y tuvimos que ir a la central para tomar el bus a las once.

Había solo dos taxis y la gran mayoría decidió
caminar. Y así, con maletas en ruedas, sobre los hombros,
conversando, algunos con puchos, en el silencio del pueblo

de cuatro mil habitantes, al pasar el mirador y oler las hierbas
del campo en la noche, sin saber exactamente dónde
queda la central, uno tras otro, a la espera de amigos,

viendo a los más locos entre nosotros con sus ojos
que penetran el decoro y los disfraces, temibles
por haber vuelto pasado, con el cigarro como fuego lento

de aniquilación, perdón, se me pasó. Fuimos invitados
por la Casa del Poeta, la excursión anual del gremio,
como maestros jubilados en indagación de los lugares

más escondidos del país antes de morir, bajando
en la noche, sombras y vivos, noche lluviosa, calles
con charcos, hacia la central, un puesto con techo de lata,

un lote de arena donde los buses llegan para dejar
su carga de la ciudad a las cuatro de la mañana,
los dos choferes en busca de desayuno y una cama

antes de subir al volante, esta vez con setenta y cinco
poetas de carga, viejos, jóvenes, abrazando la noche

Descent

They came down from their rooms, many tens of men and women,
old, young. It was ten at night. We were in Huari
and we had to get to the station to take a bus at eleven.

There were only two taxis and the vast majority decided
to walk. That's how, with suitcases on wheels, over their shoulders,
talking, some with cigarettes, in the silence of the town

of four thousand, on passing the lookout and smelling herbs
from the field at night, without knowing the exact whereabouts
of the station, one after another, waiting for friends,

looking at the craziest among us with their eyes
that penetrate decorum and disguises, fearing
that they'd become history, with their cigarettes like a slow fire

of annihilation, sorry, I've gone too far. We were invited
by *La Casa del Poeta*, the annual excursion of the association,
like retired teachers investigating the most remote places

of the country before dying, going out at night,
shadows and alive, rainy night, streets with puddles,
towards the station, a stand with a tin roof,

a sandlot where buses arrive to drop off
their loads from the city at four in the morning,
two drivers searching for breakfast and a bed

before getting behind the wheel, this time
with seventy-five poets on board, old, young, embracing

como si fuera mujer u oso de peluche, atrapada,

la respiración en picada, mientras la anaconda
del sueño empieza a envolver el cuello
hasta que se despierta el poseído con un golpe

en la espalda y el piropo más bello para el poeta
espantado por las hadas de las tinieblas,
qué bello tu poema del amanecer.

the night as it if were a woman or a teddy bear, trapped,

the plummeting respiration, while the anaconda
of sleep begins to wrap around our necks
until the possessed awakes with a slap

on the back and the most beautiful catcall
for a poet frightened by the fairies of darkness,
how beautiful your poem about the sunrise.

Hay poco aire culto

La crítica literaria A.Z. se enfermó
de un trastorno pulmonar; no sabemos
cómo se puede curar lo que le infectó
del aire que todos respiramos

donde la revista de letras se ha vuelto
un objeto de culto en pocas iglesias,
cuando nadie en el autobús sabe
si la crítica literaria es una especie

de crisis de litorales en el fin del mundo
o un grito de pájaro culto, o si el espíritu
piensa demasiado en su búsqueda
de una sorpresa dentro de un verso.

Not Much Cultured Air

The literary critic A.Z. fell ill
with a pulmonary disease; we don't know
how to cure what infected her from
the air we all breathe

where the literary review has become
a cult object in a few churches,
when no one on the bus knows
if the literary critic is a type of endangered

coastal species at the end of the world
or the cry of a cultured bird, or if the spirit
thinks too much in its search
for a surprise inside a verse.

Un fracaso, una mariposa

Cuando Nicanor me invitó
a cenar ostiones y tomar
cabernet en su casa de madera
en *La Reina* conversamos

en aquel 1995 de su visita
a Nueva Delhi y de su apego
a la idea hinduista
de dejar los lazos: familia,

bienes, sexo y caminar,
un mendigo, por las calles
antes de llegar al bosque
para esperar el aleteo

de la mariposa, su luz
enceguecedora. Diez
años después, otra visita
con el poeta, esta vez

en *Las Cruces,*
ante el océano,
y me pidió que leyera
a Antonin Artaud sobre

lo absurdo
en la vida moderna.
Otra vez nos acordamos
de la mariposa. Cuatro

A Failure, a Butterfly

When Nicanor invited me
to dine on oysters and drink
cabernet in his house of wood
in *La Reina* we spoke

in that 1995 of his visit
to New Delhi and his adherence
to the Hindu idea
of leaving ties: family,

goods, sex, and walking,
a beggar, through the streets
before arriving at the forest
to wait for the butterfly

to beat her wings, her
blinding light. Ten
years later, another visit
with the poet, this time

in *Las Cruces*,
before the sea,
and he asked me to read
Antonin Artaud about

the absurd
in modern life.
Once again we remembered
the butterfly. Four

años más tarde, me dijo
que le acompañara a su estudio
en el jardín al lado de la casa,
mi único camino ahora,

y viendo un poemario mío
en su estante me comentó
que le encantó el título
El infierno de los pájaros.

Llega ahora la noticia
de que le han otorgado
el Premio Cervantes.
A sus noventa y siete años

pienso si va a romper
con su camino de
costumbre y tomar
el avión a Madrid.

Artaud debe tener
la respuesta, o
el mendigo hindú,
o nadie. Me dibujó

un regalo aquella
primera vez.
Dice el lema: Cada uno
fracasa a su manera.

years later, he told me
to accompany him to his studio
in the garden next to his house,
my only path now,

and seeing a poetry book of mine
on his shelf he commented
that he loved the title
El infierno de los pájaros.

Now the news arrives
that he's been awarded
the Cervantes Prize.
At ninety-seven years

I wonder if he will break
his customary path
and take a plane
to Madrid.

Artaud should have
the answer, or
the Hindu beggar,
or no one. He drew

me a gift that first
time. The motto says:
Everyone fails
in his own way.

Las apuestas sabrosas

Me encantan las dos acepciones
principales del saber, y sus docenas

de variaciones, aunque no las domino
todas, por andar tan distraído

gracias al soplo sabroso
que voltea las hojas de tus versos,

que me despiertan del estado
de entropía, y me hacen pensar

que el amor puede revelarse
en cualquier cosa, incluso

en la lengua, la ciencia, la astrología
y en el cuerpo de un espléndido

jugador de naipes, vestido
tan elegante que vuela

por la noche para llegar
a primera hora a la casa

de su novia antes de ir
al casino a trabajar.

Tasty Bets

I love the two principal definitions
of knowledge, and its dozens

of variations, although I don't know
them all, I'm easily distracted

by the gentle breeze which
turns the pages of your verses,

wakes me from a state of
entropy, and makes me think

that love can show itself
in anything, including

language, science, astrology
and the body of a splendid

card player, dressed
so elegantly that he flies

through the night to arrive
first to his girlfriend's

house before going
to the casino to work.

Un cambio de vía

Le pregunté a mi vecino
durante la lectura de poesía
de la tarde si podría lanzarme
todavía hacia una nueva estrella,
digo, un cambio de vía,

aprender a ser novelista,
y así bien vestido, con apoyo
editorial, acompañar a
una mujer de primera
en ética y en cariño,

en nuestro auto eléctrico,
a una casa que se abre
al bosque, virgen
o restaurado, no importa,
si hay al menos unas

especies de caracoles, y
de pájaros que anidan ahí,
y un cartero que me trae
invitaciones al festival
del PEN en Nueva York,

o a aquel de Hay-on Wye,
cada semana. Y a mis propios hijos
de mi vida anterior, los invitaré,
a que me acompañen.
Quiero demasiado, ¿te parece?

A Track Change

I asked my neighbor
during the poetry reading
in the afternoon if I could still
shoot for a new star,
I mean, change tracks,

learn to be a novelist,
and thus well-dressed, with
editorial support, accompany
the finest of ladies
in ethics and affection,

in our electric car,
to a house that opens
to the forest, new
or restored, it doesn't matter,
as long as it has some

species of snails, and
birds that nest there,
and a postman that brings me
invitations to the PEN
festival in New York,

or the one in Hay-on Wye,
each week. And my own children
from my former life, I will invite
them to accompany me.
Do you think I ask for too much?

¿Escrito dónde?

Quiero dejar huellas: grandes manchas de sangre,
la orina amarilla de un jabalí que se perdió
por esta metrópolis oliendo tulipanes de invernaderos
y unos tomates bermellones fabricados a tiempo
ante el fin del mundo, 2012. Ahora seguimos en busca

de la fecha escrita en la mano, y enamorados
de la rubia o la negra o la castaña que amenazan
desnudarse en Facebook para iluminar las noches
solitarias de sus cinco mil seguidores. ¡Qué hermosa
la tecnología y la asombrosa realidad de nunca

irse de casa, ni siquiera tocar a otro ser vivo, besarla,
acariciar sus piernas! Y el etcétera que cuenta
con la regla y la visita inesperada de la suegra
o el portero con su entrega del periódico, un sinfín
de excusas, para no acoplarse a tiempo antes

de la fecha ya descrita, pasada, con risas y alivio
y el problema físico de qué hacer con el cuerpo,
cuando no hay médicos a la espera, o ciudades
con agua dulce, y los caracoles y las abejas
se han reducido a cero, el apocalipsis bajando

en la sombra extendida del último cóndor
de la ciudad de Bogotá desde antes
que fuera ciudad y este poema fuera tecleado
en una micro *laptop* con pantalla del tamaño
de la mano que despliega unas líneas cruzadas.

Written Where?

I want to leave footsteps: big blood stains,
yellow urine of a boar lost in this
metropolis smelling tulips from greenhouses
and burgundy tomatoes made just in time
before the end of the world, 2012. Now we still search

for the date written on the hand, and in love with
the blonde or brunette or black-haired beauty threatening
to undress on *Facebook* to illuminate the lonely
nights of her five thousand followers. How beautiful
the technology and astonishing reality of never

leaving the house, not even to touch another live body,
kiss her, caress her legs! And the etcetera that comes with
her period and the mother-in-law's unexpected visit
or the doorman delivering the newspaper, endless
excuses, to not copulate on time before

the already mentioned date, passed, with laughter and relief
and the physical problem of what to do with the body,
when there are no doctors on call, or cities
with drinking water, and snails and bees have been
reduced to none, the apocalypse descending

in the widespread shadow of the last condor
in the city of Bogota since before
it was a city and this poem was written
on a micro laptop with a screen the size
of the hand that unfurls some crossed lines.

El no invitado

Viene otro rechazo de la serie:
vidas separadas, con un elenco

de amigos distintos que envían
invitaciones para cada una

de las estrellas sin expresar
nunca una voluntad para compartir

la experiencia amistosa,
como si la vida de pareja fuera

el hermano autista que vive
en la casa del vecino donde

la familia lo esconde
en una habitación bajo

techo, y no sale, visto
solo desde mi ventana de arriba

cuando baja al jardín
para que le sirvan el almuerzo.

The Not Invited

Another rejection of the series,
separate lives, arrives with a cast

of different friends who send
invitations to each one

of the stars without ever
expressing a desire to share

the friendly experience,
as if the life of the couple were

the autistic brother who lives
in the neighbor's house where

the family hides him
in a room beneath

the roof, and he doesn't leave, seen
only from my upstairs window

when he goes out to the garden
so they can serve him lunch.

Destino

¿Cómo? ¿Crees, que voy a morir pronto
y por eso la producción frenética? No
es tan fácil ni la pregunta ni la respuesta.

De hecho, ya tengo cincuenta años, los que tenía
Manuel cuando la marea se lo llevó.
A esa edad mi padre le dio la bienvenida

a Allen Ginsberg en el aeropuerto de Oahu
y lo acompañé con mis diecisiete añitos, mi fe
en la poesía renovada por aquella barba,

y no pensé que ni mi papá ni Allen, los
dos poetas cincuentones, iban a morirse.
Justamente vivió Allen veinte años más y mi papá

veinticinco y yo haciendo cuentas ahora con premura
sin ningún indicio de un cataclismo en camino
o un cáncer de paso lento, nada, solo que

fumé antes por un buen tiempo y soy hombre
y sufro de la producción desenfrenada de ese
colesterol llamado malo, asesino, que requiere

la redacción anticipada de un testamento
o tal vez dos, para confundir al Estado
y a mi propio albacea de mis mejores

intenciones sobre la distribución
de un acervo de miles de expresiones
verbales y de unas cuantas cuentas bancarias.

Destiny

What? You think I'm going to die soon
and that explains the frenetic production? Neither
the question nor the answer is that easy.

As a matter of fact, I am already fifty years old, the
same age as Manuel when the tide carried him away.
At that age my father greeted

Allen Ginsberg in Oahu's airport
and I accompanied him, just seventeen, my faith
in poetry restored by that beard,

and I didn't think that neither my father nor Allen,
two poets in their fifties, were going to die.
Allen lived precisely twenty more years and my father

twenty-five and I'm now urgently making calculations
without any indications of an upcoming cataclysm
or slow-moving cancer, nothing, only that

I smoked before for a good while and I'm a man
and I suffer from uncontrollable production of that
cholesterol called bad, murderous, that requires

the anticipated creation of a will
or perhaps two, to confuse the State
and my own executor of my best

intentions regarding the distribution
of an estate of thousands of verbal
expressions and a few bank accounts.

Hay quechua y esperanza

En la pescadería El Tiburón del Mercado Musa
cuando Fortunato quiere conversar con sus familiares,
él habla quechua y ya son pocos de los clientes

que entienden aquella lengua privada,
de la familia que alguna vez fue la lengua franca
del reino de los Incas. Sí, rindamos homenaje

al quechua y a sus descendientes actuales,
y a maya k'ichi de aquel otro gran reino
de las Américas, el maya. Pero hay otros idiomas

de los cuales ni siquiera sabemos sus nombres.
Y sus últimos habladores, como Solitario Jorge,
viven todavía entre nosotros. Les pregunto a los lectores:

¿quiénes conocen ahora la lengua de Sumaria o aún
el griego de Sócrates o el inglés de Chaucer? Las lenguas
mutan, desaparecen aún esculpidas en tabletas,

o sobreviven como este español con su abolengo
de latín y otras fuentes que no puedo nombrar.
Soy hombre y olvidadizo. Al menos lo que

ya se fue, nace todavía en la lengua
de alguna otra compatriota entre los siete
mil millones de bípedos humanos en el planeta.

There is Quechua and Hope

In the fish shop *El Tiburón* in the *Mercado Musa*
when Fortunato wants to talk to his family members,
he speaks Quechua and there are few clients now

who understand that private language,
of the family that once was the common language
of the Incan empire. Yes, we pay homage

to the Quechua and their present-day descendants,
and to Maya K'ichi from the other great empire
of the Americas, the Maya. But there are other

languages whose names we don't even know.
And their last speakers, like Lonesome George,
live amongst us still. I ask readers: who knows

now the language of Sumer or even the Greek
of Socrates or Chaucer's English? Languages
mutate, disappear even carved in stone,

or they survive like this Spanish with its Latin
ancestry and other sources that I cannot name.
I'm a man and forgetful. At least that which

has left, will still be born in the language
of some other compatriot between
the seven billion human bipeds on the planet.

Amanecer con Luna y Mar

¿Cómo amaneces,
mi Mar? ¿Con los restos
de la Luna en tu regazo?

¿Con la confianza
de siempre de que el Sol
te alimente y tu amor

terrenal camine
en tus faldas de arena,
en tus litorales, tus costas?

¿Cómo amanezco
del sueño, en el día en que
vislumbraré el Paraíso,

donde no me harás
falta, y el amor
que dejé en la isla

me dará sombra
al borde del Mar
que nos regala la Luna?

To Wake Up with Moon and Sea

How do you wake up,
my Sea? With the Moon's
remains on your lap?

With the same faith
as always that the Sun
will nourish you

and your earthly love
walk on your sandbanks,
your shores, your coasts?

How do I wake up
from the dream, on the day
when I will glimpse

upon Paradise, when I will
not miss you, and the love
I left behind on the island

will give me shade
beside the Sea
the Moon gives us?

La vida amniótica

Al borde derecho del río Cauca,
entre Palmira y Cali, el nuevo
naciente de la salsa llega

por barco de otros puertos, ricos
y cubanos, y se dirige ahora
al mundo, Juanchito, Valle

de Cauca. Juan traía pasajeros
por lancha de una ribera
a la otra, se sacaba la camisa

y ponía la radio y bailaba.
Así comenzó el barrio
de rumba que lleva su nombre,

Juanchito, donde en la noche
caleña, con tanta oferta bronceada,
Granada, Menga, además

de músicos de blues, sus primos
de jazz y un puñado de poetas
las noches que me tocó pasar

entre riberas, no pude comer
de todo. Será para la próxima,
antes de que sea atropellado

por algún otro compromiso
como la vida donde me encuentre,

Amniotic Life

On the right bank of the river Cauca,
between Palmira and Cali, salsa's
new sunrise arrives

on a ship from other ports, rich
and Cuban, and sailing now
to the world, Juanchito, Valle

de Cauca. Juan took passengers
on a boat from one shore
to another, he would take off his shirt

and turn on the radio and dance.
That's how the rumba neighborhood
which carries his name began,

Juanchito, where in Cali Nights,
with so many suntanned offers,
Granada, Menga, as well as

blues musicians, their jazz
cousins and a fistful of poets
the nights I spent between

riverbanks, I couldn't eat
everything. Next time,
before I'm run down

by some other obligation
like life where it may find me,

en medio del río o del mar,

una ola de sesenta metros
de largo que abre su boca
y grita, Hombre. Ven a casa.

in the middle of the river or the sea,

a wave sixty meters
long that opens its mouth
and yells, Man. Come home.

Fuera del oasis

No tengo fuerzas por las mañanas,
escuchando al canto de los pájaros
en sus danzas amorosas. No las tengo

cada día de esta soledad interrumpida
en la tierra por los oasis que aparecen
y se quedan en sus huecos, mientras

el peregrino sigue su camino.
Que estés bien, te digo, que te cuides,
y encuentres la alegría, y, sí,

que poco a poco empieces a olvidar
al compañero que te llevó
a aquella laguna en medio de las dunas.

Out of the Oasis

I don't have strength in the mornings,
listening to the birds' songs
in their love dances. I don't have it

every day in this solitude interrupted
on earth by the oases which appear
and remain in its gaps, while

the pilgrim follows his road.
I wish you well, I say, take care,
and may you find happiness, and, yes.

little by little begin to forget
the companion who took you
to that lagoon in the middle of the dunes.

Acurrucar

Es tarde y quise resistir el beso
de la Musa del sueño, decirle
a ella que no avanzara, y para
asegurarme volteaba y cubría

mi cara con las manos,
pero me encuentro otra vez
en el vientre de mi madre
donde todo está a la mano

y descanso despierto sin pensar
en esquivar ni besos ni cachetadas
ni silencio ni palabras de amor.
Bésame ya, amiga, Musa.

To Snuggle

It's late and I tried to resist the kiss
of the Muse of sleep, tell her
to not push onward, and to
reassure myself I turned and covered

my face with my hands,
but I find myself once again
in my mother's womb
where everything is within reach

and I rest awake without thinking
about dodging kisses or slaps to the face
or silence or words of love.
Kiss me now, friend, Muse.

Conectada

Te agradezco tu cuidado de mis alimentos,
la atención que pones a la hora y a lo que
me convendría digerir al despertar por la noche,
desorientado, después de haber caído dormido
al llegar de la fiesta. Un scotch, un ron ponche,
una coca, a lo largo del evento, no fueron muchos,
pero llegué despistado y tras leer tu mail,
que te esperara, entré al hoyo negro
del sueño inesperado, y cuando me levanté
pasada medianoche, estabas tú conectada.

Connected

I'm grateful for your attention to my diet,
to the thought you put into the hour and into what
would be good for me to digest when I wake at night,
disoriented, after passing out cold right when
I returned from the party. A scotch, a rum punch,
a coke, throughout the event, not too many, but I
arrived distracted and after reading your email,
that I should wait for you, I entered the black hole
of unexpected sleep, and when I awoke after
midnight, you were there connected.

Partidas

Lima querida, otra vez con neblina,
el día de la partida, el mar casi a la vista,
la inmensa bóveda gris, y en mis manos
unas rebanadas de baklava, hecha en casa
para el restaurante miraflorino del cual
me despido repartiendo su miel, sus nueces,
este dulce del ombligo del planeta, parte
de Lima, donde el amor me da vida y el corazón
del amigo resiste su infarto, y mi hija
en unas semanas se despedirá, como yo, ahora.

Departures

Dearest Lima, befogged again,
on the day of departure, the sea almost visible,
immense gray dome, and in my hands
slices of baklava, homemade
for the Miraflores restaurant from which I bid
farewell sharing its honey, its nuts, this confection
from the middle of the planet, part of Lima,
where love gives me life and my friend's
heart resists attack, and my daughter
in a few weeks will say goodbye, like me, now.

Madre, Villa

La arena en vuelo, el viento friolento del invierno,
un día un poco gris, de recuerdos. Nosotros caminamos,
ella como tú, el mismo perfil, cabello canoso,
ha engendrado once hijos, mucho amor adentro,
y en su lengua ese gran talento familiar para
la ironía, que sabemos es la otra cara de la moneda
romántica. No te preocupes por la decepción
materna. Ella te ama sin reserva.

Mother, Villa

Sand in flight, frozen winter wind,
a rather grey day, of memories. We walked,
she like you, the same profile, grey haired,
has given birth to eleven children, much love inside,
and in her language that great family talent for
irony, what we know as the other side of the romantic
coin. Don't worry about maternal disappointment.
She loves you without reserve.

Corazón y tarde

Veo que se está poniendo la tarde. Y cuando
regrese a la casa de mi amigo él estará
descansando (después de su visita
al cirujano), su mujer triste, desdichada
por el corazón de su marido, arrítmico,
herido todavía mas en plena resistencia,
todavía con la pluma en su mano él,
con su dignidad de hombre, de pie
ante la cámara, a un costado
de la muerte, ignorándola.

Heart and Afternoon

I see that it's growing late. And when
I return to my friend's home he will be
resting (after his visit to the
surgeon), his wife sad, beside herself
due to her husband's heart, arrhythmic,
wounded still but in full resistance,
with the pen in his hand still,
with his man's dignity, standing
before the camera, to the side
of death, ignoring her.

Viaje

Estamos de viaje, cada uno por su cuenta, tú hacia la montaña,
yo al mar. Tú con nuevos amigos y con tiempo para reflexionar,
yo a ver a mi hija, el fruto del pasado, y a unos amigos todavía
en este lado del mar. No sé qué provecho sacar del contraste,
montaña, mar, amigos nuevos, una hija alta y bella casi
una adolescente a punto de despegar. ¿A dónde? ¿A una
nueva ciudad? ¿Al futuro que le espera otra vez sin el padre?
A mí no me gusta lo impermanente y darme cuenta del límite
de la costa. ¿Qué opciones me quedan? No regresar. ¿No dar
algún consejo a este ser vivo al que ayudé a caminar? ¿Guardar
el silencio cuando cada memoria quiere hablar?

Trip

We are on a trip, each one of us on our own, you towards
the mountain, I to the sea. You with new friends and time
to reflect, I to see my daughter, fruit of the past, and a few
friends still on this side of the sea. I don't know how to take
advantage of the contrast, mountain, sea, new friends, a tall
and beautiful daughter almost an adolescent ready to take off.
Where to? A new city? To a future that awaits her again
without her father? I don't like the impermanent and realize
the limit of the coast. What options are left for me? Not return?
Not give some advice to this living being whom I helped
teach to walk? Keep silent when every memory wants to talk?

En pocas palabras, todos

nacen, crecen, se enamoran, se decepcionan,
sobreviven, se enamoran, sobreviven; se alegran,
dejan de crecer, disminuyen, se mueren.

In a few words, everyone

is born, grows, falls in love, is disillusioned,
survives, falls in love, survives; is happy,
stops growing, diminishes, dies.

Cruz del Sur

Nos encontramos en la terminal de Cruz del Sur para nuestro
viaje a Ica, aquel donde descubrimos Huacachina, la arena
pesada de ese lago antiguo, las dunas sin fin, la carta
de despedida cuando la máquina pesada de la decepción
empezó a arrastrar el suelo sacando a la luz secretos enterrados
desde hace mucho, como el hombre vivió enamorado de todos
los seres vivos, los animales, las plantas, y las hembras de cada
especie, lo que podría haberle llevado a ser bendito, como
Francisco, o echado de todas las casas para vivir solo
y escribir sobre el pasado.

.

Cruz del Sur

We met in the *Cruz del Sur* terminal for our
trip to Ica, that one where we discovered Huacachina,
the heavy sand of that ancient lake, the endless
dunes, the farewell letter when the heavy machine
of deception began to drag the earth unveiling
buried secrets from long ago, how man lived enamored of all
living beings, animals, plants and females of every
species, which could have blessed him, like
Francis, or thrown him out of every home to live alone
and write about the past.

Ilusión

Detrás de la estación de Repsol caminamos hacia el parque donde, con nuestras manos entrelazadas, nos enamoramos. Y de esa primera tarde la estación se volvió la pierna y el encuentro de un amor hecho de caminatas hacia múltiples espacios verdes de esta ciudad brumosa, construida al lado de aguas friolentas y de estaciones de combustible, un amor moderno que dependía del transporte público y privado para dejarnos cerca de la Alameda, donde en otra ciudad de América un hombre solía pasear con su armadillo.

Eres el Mar, el árbol, el camino de piedras, el olor a gasolina. Soy el feligrés, el explorador, el representante de países lejanos donde otros amores nacen en sus propios parques al lado de las aguas que rodean a todos aun en medio del desierto, como aquel de Paracas. Dejo mi cargo. Entro al Mar. Dejas tus arrecifes de coral y tus formaciones rocosas, donde se han hundido los barcos para abrumar la costa. Treinta y cinco mil hombres fueron borrados de la costa srilankesa ese día del tsunami. Déjame ser uno más.

Illusion

Behind the Repsol station we walk towards the park where, with our hands intertwined, we fell in love. And from that first afternoon the station became the leg and encounter of a love made of walks towards multiple green spaces in this hazy city, built next to freezing waters and gas stations, a modern love that depended on public and private transportation to take us close to the *Alameda,* where in another city in America a man used to walk around with his armadillo.

You are the Sea, the tree, the stone road, the smell of gasoline. I am the parishioner, the explorer, the representative of distant countries where other loves arise in their own parks next to waters surrounding everyone even in the middle of the desert, like that of Paracas. I leave my post. I enter the Sea. You leave your coral reefs and your rock formations, where boats have sunk to overwhelm the seashore. Thirty-five thousand men were erased from the Sri Lankan coast that day of the tsunami. Let me be one more.

Esperando el segundo tiempo

Sí es solo un juego y depende
de un hombre árbitro,

y los hinchas vienen de la casa
cuyo equipo anfitrión tiene

el respaldo. Es una droga
Hay decisiones erróneas, malditas

y finalmente es la tristeza
de ver a un equipo defenestrado

jugar el resto del partido.
Espera. Todavía

y siempre tendremos
el segundo tiempo.

Waiting for the Second Half

Yes it's only a game and depends
on a human referee,

and the fans cheer for
the team with the home-field

advantage. It's a drug.
There are bad, cursed calls

and finally the sadness
of seeing a team, reduced

in number, play out the rest
of the game. Wait. Now

and always we will
have the second half.

Jennifer Rathbun, a Professor of Spanish and Chair of the Department of Modern Languages & Classics at Ball State University, has published poetry in translation by Alberto Blanco, Fernando Carrera, Juan Armando Rojas Joo, Carlos Satizábal, Minerva Margarita Villarreal and Iván Vergara. She is the coeditor of the anthologies *Sangre mía / Blood of Mine* (2013) and *Canto a una ciudad* (2004) and author of the poetry collection *El libro de las traiciones / The Book of Betrayals* (2021). In 2002 she received her Ph.D. from the University of Arizona in Contemporary Latin American Literature.

Indran Amirthanayagam (Colombo, Sri Lanka) produced a unique record in 2020 by publishing three new poetry books written in three different languages: *The Migrant States* (Hanging Loose Press, New York), *Sur l'île nostalgique* (L'Harmattan, Paris), and *Lírica a tiempo* (Mesa Redonda, Lima). Amirthanayagam writes in English, Spanish, French, Portuguese and Haitian Creole. With *Blue Window/Ventana Azul* he has published twenty poetry collections and recorded the album *Rankont Dout*. He edits *The Beltway Poetry Quarterly*, curates ablucionistas. com and blogs at indranamirthanayagam.blogspot.com. He won the Paterson Poetry Prize, was a 2020 poetry fellow from The Foundation for the Contemporary Arts, and has received fellowships in poetry and translation from the New York Foundation for the Arts, the US/Mexico Fund For Culture, and the MacDowell Colony. Contact: indranmx@ gmail.com. Twitter: @indranmx. He hosts the Poetry Channel (youtube. com/user/indranam). He has a BA in English from Haverford College and an MS in journalism from Columbia University.

DIÁLOGOS BOOKS
dialogosbooks.com

www.ingramcontent.com/pod-product-compliance
Lightning Source LLC
Chambersburg PA
CBHW030913060726
47591CB00005B/1525